DESCRIPTIONS *DES ARTS* ET MÉTIERS.

DESCRIPTIONS
DES ARTS
ET MÉTIERS,

FAITES OU APPROUVÉES

PAR MESSIEURS

DE L'ACADÉMIE ROYALE DES SCIENCES.

Avec Figures en Taille-douce.

A PARIS,

Chez { SAILLANT & NYON, rue S. Jean de Beauvais;
DESAINT, rue du Foin Saint Jacques.

M. DCC. LXI.

Avec Approbation & Privilége du Roi.

ART DE FRISER,

OU RATINER

LES ÉTOFFES DE LAINE.

Par M. Duhamel du Monceau.

M. DCC. LXVI.

ART DE FRISER,

OU RATINER

LES ÉTOFFES DE LAINE.

Par M. DUHAMEL DU MONCEAU.

ON FRISE plusieurs Etoffes de laine, & particuliérement les Ratines, les Peluches, l'envers des Draps noirs, &c. Cette opération consiste à rouler les uns sur les autres, les poils qui couvrent la superficie de l'étoffe, & qu'on laisse pour cette raison un peu longs, de sorte qu'un nombre de ces filaments étant réunis par petits paquets, & roulés les uns sur les autres, forment autant de petits boutons. On juge bien que cette opération ne donne aucune force à l'étoffe, & que les boutons se détachent au service; mais on a trouvé qu'il étoit agréable d'avoir une étoffe comme sablée ou couverte d'un nombre considérable de petits boutons qui se touchent presque les uns les autres. S'il ne s'agissoit que de ratiner un petit morceau d'étoffe, il suffiroit de l'étendre & de l'attacher sur une table rembourrée bien ferme, & la plus plate qu'il seroit possible, prenant ensuite une planche sur laquelle on auroit d'abord étendu de la colle-forte, & ensuite saupoudré du sable assez fin, en un mot, ce que les Apprêteurs de Drap nomment une *Tuile*, & dont nous avons parlé à l'occasion de l'apprêt des Draps, il n'y auroit qu'à appuyer cette tuile sur la surface du Drap qu'on veut ratiner, & lui imprimer un mouvement rapide & circulaire, les poils se joindroient les uns aux autres, ils s'entortilleroient les uns sur les autres, & le morceau d'étoffe seroit ratiné; mais ce moyen, peu expéditif & fatigant, ne seroit pas praticable en grand, ou pour un nombre considérable de pieces d'étoffe qu'on voudroit friser: c'est ce qui a engagé à faire cette opération par le moyen d'une machine très-ingénieuse, & qui expédie beaucoup l'Ouvrage; on la nomme une *Frise* ou un *Frisoir*.

Description de la Frise.

POUR prendre une idée de cette machine qui paroît assez compliquée, il faut avoir présent à l'esprit qu'elle doit faire passer d'un mouvement lent & uniforme successivement toute la longueur de la piece d'étoffe qu'on veut ratiner entre les deux pieces qu'on nomme le *Frisoir* ; & cette même machine fait mouvoir, d'un mouvement vif, la partie supérieure de ce frisoir, dont la surface est couverte de sable fin qui y est attaché avec de la colle-forte, & cette couche de sable, qui est fort unie, a un quart de pouce d'épaisseur au moins.

Je vais commencer par expliquer les parties qui sont communes à ces deux opérations ; ensuite j'expliquerai en particulier ce qui est propre à chacune d'elles.

Au rez-de-chaussée (*Pl. I, II & III, fig.* 1) est un manege : *A* sont les leviers qui ont chacun 19 pieds de longueur ; c'est sur ces leviers que sont attelés les chevaux au moyen des paloniers *A* (*Pl. II & III*), de sorte qu'on n'attele qu'un cheval, quand on ne fait usage que d'une frise ; on en met deux pour faire travailler deux frises, & quatre, quand les quatre frises travaillent. Entre ces quatre leviers, il y a quatre perches *a*, (*Pl. I, fig.* 1) auxquelles on attache la longe des chevaux pour guider leur marche.

Dans la machine que nous détaillons, ce sont les chevaux qui sont les moteurs ; mais souvent on profite d'un courant d'eau, qui ne change rien à ce qui constitue véritablement la frise.

Les leviers *A*, (*Pl. I, II & III*) font tourner l'arbre *C* qui s'étend jusqu'au plancher du premier étage ; il a 3 pieds 8 pouces de longueur, depuis son extrémité d'en bas, jusqu'aux enrayures qui portent la grande roue dentée *B*, qui est établie à 10 pieds au-dessus du terrein. Cette grande roue dentée *B* a 9 pieds 4 pouces de diametre, & elle porte 72 dents.

Cette roue engrene dans deux lanternes *D* (*Pl. I, II & III*), qui ont environ 15 pouces de hauteur ; leurs plateaux ont 20 pouces de diametre, & ces lanternes sont chacune garnies de douze fuseaux ; les arbres de ces lanternes traversent le plancher, & tout auprès du carreau du premier étage est un rouet horizontal *F* (*Pl. I, fig.* 2), qui est enarbré avec les lanternes *D* : l'arbre commun se termine en *b* (*Pl. II*), par conséquent le rouet *F* est emporté par le mouvement des lanternes *D* : ainsi la roue dentée *B* fait mouvoir les deux lanternes *D* ; ces deux lanternes emportent avec elles les deux rouets *F* qui, engrénant dans quatre lanternes semblables à *G*, font agir quatre frises. On n'en a représenté que deux sur les Planches I & II pour éviter la confusion.

Chaque rouet *F*, qui a 41 dents, engrene dans deux lanternes *G*, qui ont 12 fuseaux ; chacune des lanternes *G* a un arbre dans lequel sont enarbrés, 1°, les rouets *H*, qui ont 42 dents chacun ; 2°, une petite lanterne *M*, dont je parlerai dans la suite : mais avant d'aller plus loin, il est bon de savoir que quand on veut qu'une des frises ne travaille pas, on débraye la lanterne *G* pour l'empêcher d'engréner dans le rouet *F*, ce qu'on fait au moyen d'un levier *Z*, qui communique à un autre levier *Y*, qui embrasse l'arbre de la lanterne *G*, le ſouleve & dégage ſes fuſeaux des alluchons du rouet *F*. Ceci s'apperçoit clairement ſur la Planche III, fig. 3 ; mais on ne peut appercevoir les deux leviers ſur la Planche I, fig. 1. Je reviens au détail de la machine. Les rouets *H* engrenent dans les lanternes *I* (*Pl. II*), qui ont 7 fuſeaux. Ce ſont ces lanternes qui donnent le mouvement aux friſoirs par un moyen bien ſimple.

L'axe de cette lanterne *I*, (*Pl. I, II & III*, & encore mieux *Pl. IV, fig.* 1 & 2), eſt de fer, & ſon bout d'en bas eſt reçu dans une crapaudine *f*, (*Pl. IV, fig.* 1 & 3). Le haut de cet axe eſt reçu dans un collet de cuivre *e*, (*Pl. IV, fig.* 1 & 4), qui a 8 pouces de longueur, 2 pouces d'épaiſſeur, & 3 pouces de largeur. Ce collet eſt fermement aſſujetti avec des vis dans la piece de deſſous du friſoir *h h*, (*fig.* 1 & 6); l'extrémité de cet axe & ſe termine par une pointe *c*, qui n'eſt pas concentrique à l'axe, mais qui s'incline ſur un de ſes côtés. Cette eſpece de broche coudée entre dans le trou *c* d'un couſſinet de cuivre *d*, (*fig.* 1 & 5) qui a 7 pouces de longueur, un pouce 6 lignes d'épaiſſeur, & 2 pouces & demi de largeur. Ce couſſinet eſt fermement attaché par des vis à la partie ſupérieure du friſoir *g g*, & la broche *c* de l'axe entre à l'aiſe dans ce trou, y ballotte ; & comme ſon extrémité recourbée décrit une courbe dont le centre eſt dans l'axe du point &, le couſſinet *d*, & le deſſus de la friſe *g g* (*fig.* 1 & 7), reçoivent un trémouſſement & une eſpece de mouvement circulaire, qui convient pour former les boutons de la Ratine.

Récapitulons ce que nous venons de dire. Les leviers *A* font tourner la roue dentée *B*. Cette roue en hériſſon engrene dans les deux lanternes *D*, qui emportent les deux rouets *F*, qui engrenent dans les quatre lanternes *G*. Ces lanternes font tourner avec elles les quatre rouets *H*, qui engrenent dans les huit lanternes *I*, qui font trémouſſer la partie ſupérieure *g* des quatre friſoirs.

Voila le détail de toutes les parties qui conſtituent véritablement la machine compoſée de quatre friſes ; le reſte eſt un acceſſoire important qui ſert à tirer peu-à-peu l'étoffe de toute ſa longueur, pour en faire paſſer ſucceſſivement toutes les parties entre les deux pieces du friſoir *hh* & *gg*, de ſorte que chaque partie de l'étoffe reſte aſſez long-temps entre les deux pieces du friſoir, pour qu'elle ſoit ratinée ou boutonnée, & pas aſſez pour que les poils ſoient détruits & emportés. J'expliquerai dans un inſtant par quelle méchanique s'opere cette manœuvre ; mais il faut auparavant expoſer le travail de la machine, relativement à l'opération de ratiner ou friſer les étoffes.

On commence par coucher l'étoffe, c'eſt-à-dire, par la plier en zigzag ſur une forte table *gg*, (*Pl. V, fig.* 1) qui eſt rembourrée de nopes, & ſous cette table eſt un faudet *R* ou une eſpece de cage dans laquelle on arrange l'étoffe à mesure qu'elle passe sur la table, afin qu'elle ne se salisse pas.

Quand, en pliant l'étoffe, il ne reste plus que le bout sur la table, afin que l'étoffe soit frisée dans toute sa longueur, on y coud un morceau de drap blanc *h* (*Pl. III*, *fig.* 4), tout-à-fait au bord de la piece d'étoffe *i* : cette couture ne se fait point avec du fil, mais avec deux broches de fil de fer *l l*, qu'on enlace dans l'étoffe *h* & le morceau de drap *i* qu'on y ajoute.

Quand la piece d'étoffe qu'on veut friser est pliée en zigzag, ou, comme l'on dit, *rangée*, & qu'on y a ajouté le morceau de drap dont nous venons de parler, on ôte les bâtons *K* (*Pl. II*, *fig.* 1), qui servent à appuyer la partie *g* du frisoir contre la partie *h*. On souleve la partie supérieure *g g* du frisoir au moyen du fléau *r* (*Pl. III*, *fig.* 1 & 2), au bout duquel est un poids qui aide à soulever cette partie du frisoir qui est assez lourde, parce qu'elle est formée d'un bâti d'assemblage *e* (*Pl. IV*, *fig.* 8) de pieces qui ont 3 pouces 6 lignes de largeur, dans lequel sont rapportés les panneaux *c*, *c*, *c*, comme on le voit (*fig.* 9), & sous cette piece est fermement assujettie une planche *g g* (*fig.* 7), qu'on couvre de colle forte, sur laquelle on saupoudre du sable fin pour faire une couche bien unie d'un quart de pouce d'épaisseur, & toutes ces pieces réunies forment la piece (*fig.* 10).

Quand cette partie du frisoir est soulevée, on porte la piece qu'on a rangée dans le faudet ou la cage *R* (*Pl. II*), comme on le voit en *g*. On pose le morceau de drap blanc qu'on a attaché au bord de la piece sur la table *h* qui fait la partie inférieure du frisoir, de sorte que le drap blanc pende en en bas, & que la tête de la piece soit exactement couchée sur la piece *h* (*Pl. II*, *fig.* 1), qui est couverte d'une panne fort rase bien tendue sur cette table par des clous & des crochets (*Pl. IV*, *fig.* 14), comme on le voit (*fig.* 6). On descend la piece *g* (*Pl. II* ou *Pl. IV*, *fig.* 9) du frisoir sur le côté de l'étoffe qu'on veut friser; on l'appuie avec les bâtons *K* (*Pl. II*); & après ce que nous avons dit de la méchanique de la Frise, on conçoit que faisant tirer les chevaux, la partie *g* du frisoir qui est garnie en dessous de sable collé sur une planche, prend un mouvement de trémoussement un peu circulaire, qui fait friser le poil de l'étoffe; mais si l'étoffe restoit trop long-temps entre les deux pieces du frisoir, elle s'useroit; il faut donc la tirer peu-à-peu par un mouvement doux & régulier, pour que toute la longueur de l'étoffe passe successivement dans le frisoir; & comme il seroit pénible de tirer ainsi peu-à-peu l'étoffe avec les mains, voici comme la machine exécute cette opération d'une façon très-réguliere.

L'axe de la lanterne *G* (*Pl. II*) fait mouvoir la petite lanterne *M*; cette lanterne engrene dans la roue dentée *N*; cette roue dentée emporte avec elle la lanterne *O* qui est portée par le même arbre, & cette lanterne *O* engrene dans la grande roue dentée *p*, qui fait mouvoir l'arbre horizontal *Q* qui

qui eſt un rouleau de bois couvert dans toute ſa longueur d'une eſpece de carde, dont les griffes tirent l'étoffe tout doucement; ainſi il faut concevoir que les rouages *M N O P* (*Pl. II, fig.* 1, & *Pl. I, fig.* 2) ſont deſtinés, 1°, à ralentir le mouvement de la lanterne *M*, pour que l'arbre *Q Q* tourne lentement; 2°, à renvoyer le mouvement de la lanterne *M* juſqu'à l'endroit où doit être placé l'arbre *Q Q*; le morceau de drap blanc qu'on a ajouté à la piece d'étoffe, & qui répond aux deux pieces du friſoir pendant ſur le devant de la machine, paſſe ſur le rouleau *Q Q*; il enveloppe ce rouleau de la moitié de ſon diametre. On ſuſpend avec deux bouts de corde une perche de bois *T T* (*Pl. I, fig.* 2) bien unie, qui rapproche légérement la piece vers le rouleau, pour que, quand la machine eſt en mouvement, les pointes de ce rouleau s'engagent dans l'étoffe, & qu'à meſure que le rouleau tourne, il tire peu-à-peu la piece qui tombe, & s'arrange dans le faudet *R*, (*Pl. I, fig.* 2). Un Ouvrier (*Pl. V, fig.* 4) qui eſt du côté du rouleau en hériſſon, examine ſi la piece paſſe bien à plat dans le friſoir; s'il s'eſt fait des plis qui forment des queues de rat, il les remarque pour les rétablir, comme nous l'expliquerons.

De l'autre côté de la friſe, la piece d'étoffe qui eſt rangée dans le faudet *R* (*Pl. III, fig.* 2), paſſe, avant de s'engager dans le friſoir, ſur une perche *b*, puis ſur une autre *c*, & enfin ſur une troiſieme *d* qui la dirige à paſſer entre les deux pieces du friſoir.

De ce côté de la machine il y a deux Ouvriers (*Pl. V, fig.* 4); l'un veille à ce qu'il ne ſe faſſe point de plis, l'autre, avec une béquille, détache l'étoffe du hériſſon quand elle s'entortille trop autour, & qu'elle s'y attache aſſez fermement pour ne point tomber dans le faudet. Quand la piece eſt entiérement paſſée, on leve la piece *g* de deſſus du friſoir, & avec une vergette en balai, on épouſte les deux pieces du friſoir, pour qu'il n'y reſte point de laine hachée. On porte enſuite la piece d'étoffe dans le faudet *R* de la table à ranger (*Pl. V, fig.* 5); on la paſſe de toute ſa longueur ſur la table; on la broſſe d'un bout à l'autre avec une broſſe en forme de balai, & on la range de nouveau pour la faire paſſer une ſeconde fois par la friſe, ce qu'on répete ordinairement trois fois, & alors l'étoffe eſt friſée ou ratinée.

Quand il y a eu des plis à l'étoffe, l'endroit plié ne ſe friſe point; on appelle ces endroits des *Queues de Rat.* Pour effacer ces défauts, on paſſe deſſus une eſpece de drouſſette ou carde *A* (*Pl. IV, fig.* 11), ou un peigne *B*, qu'on nomme *Rebrouſſette*, & les poils étant ainſi allongés, ils ſe friſent mieux que le reſte de l'étoffe.

Les vraies Ratines ſont ordinairement d'un tiſſu croiſé; mais on ratine ou l'on friſe auſſi des Draps qu'on a ſoin de ne point tondre de près, & particuliérement on friſe l'envers des draps noirs fins qu'on débite à Paris. Quand on ratine l'envers des draps noirs, c'eſt l'endroit du drap que l'on couche ſur la panne de la table du friſoir; lorſque ce ſont des étoffes qu'on veut friser ou ratiner à l'endroit, c'est leur envers qui repose sur la panne.

On varie un peu la manœuvre suivant la finesse & l'espece d'étoffe qu'on veut ratiner; mais ce sont des détails dans lesquels nous ne pouvons pas entrer, & qu'on apprend aisément par l'usage.

EXPLICATION DES FIGURES
DE LA FRISE.

PLANCHE PREMIERE.

FIGURE I. Elle représente le plan de la partie de la frise ou du frisoir qui est au rai-de-chaussée : c'est le manege.

A, les leviers où l'on attele les chevaux; comme la machine fait jouer quatre frisoirs, & comme on est maître de ne faire travailler à la fois qu'un, deux ou trois frisoirs; on attele autant de chevaux qu'on desire faire agir de frisoirs : *a*, perches auxquelles on attache la longe de chaque cheval pour le diriger dans sa route.

B, grande roue à hérisson qui est emportée par le manege, & qui fait agir tous les frisoirs. Elle est placée au-dessous du plancher qui sépare le raiz-de-chaussée du premier étage.

D, deux lanternes qui engrenent dans la roue *B*, & dont les axes traversent le plancher qui sépare le raiz-de-chaussée du premier étage : chacune de ces lanternes fait agir deux frisoirs.

C, est la coupe horizontale d'un arbre vertical & tournant, qui est mu par les leviers *A*, & qui emporte la grande roue dentée *B*.

Figure 2. Cette Figure représente le plan de la partie de la frise qui est au premier étage.

E E, la disposition de deux des quatre frisoirs au premier étage autour du point *C* qui représente le bout de l'arbre *C* de la *Figure* I.

D, est l'axe d'une des lanternes *D* de la *fig.* I. Cet arbre emporte le rouet *F*, qui engrenant dans les deux lanternes *G G*, fait jouer deux frisoirs. Il y a un pareil rouet de l'autre côté de *C*, qui fait agir les deux autres frises, & qui est mis en mouvement par une des lanternes *D*, *fig.* I.

La lanterne *G*, le rouet *H* & la petite lanterne *M* sont portés par un même arbre horizontal; ainsi la lanterne *G* emporte avec elle le rouet *H* & la petite lanterne *M*.

Le rouet *H* engrene dans la lanterne *I*, qui met en mouvement la partie supérieure du frisoir *g g*.

La lanterne *M* qui est mue par l'arbre du rouet *H*, engrene dans la roue à hérisson *N*, laquelle fait tourner la lanterne *O* qui est sur le même axe, &

cette lanterne engrene dans la roue à hériſſon *P*, dont l'axe *Q Q* eſt hériſſé de fils de fer comme une carde. Les roues & lanternes *M N*, *O P* ſont deſtinées à faire tourner d'un mouvement lent l'arbre horizontal *Q*, qui par ſes griffes tire la piece d'étoffe à meſure qu'elle eſt friſée. *T*, eſt une perche de bois qui appuie ſur le drap pour le rapprocher de l'arbre *Q Q*, afin que les griffes prennent dans l'étoffe avec aſſez de force pour la tirer d'entre les deux parties du friſoir.

R, un grand faudet qui eſt ſous le friſoir : *R*, un petit faudet qui eſt ſous le rouleau *QQ* : *Z*, *Z*, leviers de fer qui ſervent à débrayer les lanternes *G*, *G*, quand on veut qu'un friſoir ne travaille pas. Ce levier ſera repréſenté plus ſenſiblement dans d'autres figures.

PLANCHE II.

Au bas de la planche eſt le profil & l'élévation des friſoirs, dont on a vu le plan ſur la *Pl. I* : les pieces pareilles ſont marquées de mêmes lettres.

Au rai-de-chauſſée ou dans le manege, *A*, les leviers avec leurs palonniers, pour atteler les chevaux : on n'en a repréſenté que deux ; mais il y en a quatre : *C*, l'arbre tournant d'où part une enrayure qui ſoutient la grande roue à hériſſon *B*. Cette roue engrene dans deux lanternes *D* ; on n'en a repréſenté qu'une.

On voit dans cette Figure comment cette lanterne eſt ſoutenue par une piece courbe qui eſt liée au plancher par des étriers, afin de ne point embarraſſer le manege. On voit auſſi que l'arbre de cette lanterne traverſe le plancher, pour communiquer le mouvement aux rouages qui ſont au premier étage. Cet axe ſe termine en *b*, & fait mouvoir le rouet *F* qui engrene dans les lanternes *G*. On n'a repréſenté qu'une lanterne *D* & un rouet *F*. La lanterne & le rouet que nous ne faiſons pas appercevoir, ſont derriere ceux que nous avons repréſentés, & en ſont éloignés de tout le diametre de la grande roue *B B*.

Il faut remarquer qu'à la droite de cette Figure, la machine eſt coupée par un plan perpendiculaire à l'arbre *t t*, (*Pl. I*, *fig.* 2), de ſorte que cet arbre eſt coupé en deux, ainſi que les rouets *H* & les lanternes *G* & *M* ; on y a ſupprimé les roues dentées *N* & *P*, ainſi que la lanterne *O*, & le rouleau hériſſé de pointes *Q Q* ; enfin une partie du faudet *R* : à cette partie droite de la figure, l'étoffe *Q* paſſe du faudet où elle eſt rangée entre les deux tables du friſoir *g g* & *h h*. A la partie gauche de la même figure, toutes les pieces ſont entieres, & on voit l'étoffe *Q* qui a paſſé dans le friſoir, & qui retombe friſée dans le faudet *R*.

F, un des deux rouets qui ſont au-deſſus du plancher. Il engrene dans les lanternes *G*, qui emportent avec elles les rouets *H* & les petites lanternes *M*. Les rouets *H* engrenent dans les lanternes *I*, qui font mouvoir la table
[illegible] r *g*, comme on le verra plus ſenſiblement dans une au-

tre figure. La petite lanterne *M* fait tourner l'hériſſon *N*, qui emporte la lanterne *O*, & cette lanterne fait tourner l'hériſſon *P*, qui emporte lentement le cylindre *Q Q*, qui eſt hériſſé de pointes.

R, eſt le ſaudet : *q*, l'étoffe pliée ou rangée dans le ſaudet : au-deſſus de *Q*, eſt une perche déſignée par une ligne ponctuée & ſuſpendue par des cordes ; elle ſert à appuyer un peu l'étoffe contre le cylindre *Q Q* : *hh*, eſt la partie fixe & inférieure du friſoir : *gg*, eſt la partie mobile, & ſupérieure : *K*, *K*, ſont des morceaux de bois qui preſſent la partie *g* du friſoir contre la partie *h*.

Z, eſt une partie du levier qui ſert à débrayer la lanterne *G*. Ce levier ſera repréſenté plus ſenſiblement dans une autre figure.

Toutes les roues, tous les rouets & toutes les lanternes ſont deſſinées en grand au haut de la Planche, & cotées des mêmes lettres qui les annoncent dans la machine repréſentée en place au bas de la Planche.

PLANCHE III.

DANS cette Planche, la même machine eſt repréſentée vue d'un autre côté : *A*, *fig.* 1, les leviers & palonniers : *B*, la grande roue en hériſſon : *D*, les deux lanternes : *C*, l'arbre vertical & tournant.

Ce qu'il faut principalement remarquer au haut de la Planche, c'eſt le rouet *H* qui engrene dans la lanterne *I*, dont l'axe fait mouvoir la piece ſupérieure du friſoir *gg* ſur la piece inférieure *h h*, qui reſte fixe.

r, eſt un levier qui ſert à ſoulever la partie *g g* du friſoir, quand on a ôté les bâtons *K*, *fig.* 2.

La *Figure* 2 repréſente les mêmes objets vus d'un autre côté ; le rouet *H* ; la lanterne *I* ; le friſoir *gg*, *hh* ; le cylindre hériſſé de cardes *Q* ; deux marches *E* pour élever les Ouvriers ; le levier *r* pour ſoulever la partie *gg* du friſoir ; *K*, les bâtons qui appuient la partie ſupérieure du friſoir ſur celle de deſſous. Mais ce qui mérite le plus d'attention, c'eſt la diſpoſition de l'étoffe qui eſt rangée au-deſſous de *H* dans le grand ſaudet *R* ; elle va paſſer ſur la perche *b*, de-là elle enveloppe la perche *c* & la perche *d*, & elle paſſe entre les deux tables *g*, *h* du friſoir, enſuite ſous la perche *e*, enfin ſur le cylindre *Q* qui eſt hériſſé de pointes comme une carde, & elle tombe dans le petit ſaudet *R* ; les perches *b*, *c*, *d* ſervent à tendre l'étoffe, pour qu'elle ne paſſe pas trop vîte dans le friſoir, & la perche *e* l'appuie ſur le cylindre hériſſé de pointes, qui eſt deſtiné à faire ſortir l'étoffe du friſoir.

La *Figure* 3 ſert à faire concevoir l'effet du levier *Z* pour débrayer la lanterne *G*, & empêcher que ſes fuſeaux n'engrenent dans les dents du rouet *F*. On conçoit qu'en appuyant ſur le bout du levier *y*, on éleve le bout *Y* de ce levier qui ſouleve le bout *Z* du levier inférieur, & en même temps l'axe de la lanterne *G*, aſſez pour que les fuſeaux ne ſoient plus attrapés par les dents du rouet *F*, & alors un des quatre friſoirs ceſſe de travailler, ſans pour cela qu'on ſoit obligé d'arrêter les autres.

La

La *Figure* 4 fait voir comment on ajoute un morceau de drap *i* au bout de la piece d'étoffe qui eſt repréſentée par *h* ; au lieu de faire une couture, on ſe contente de paſſer dans ces deux pieces les aiguilles *l* qui ſont plus ou moins longues ſuivant le lez de l'étoffe.

PLANCHE IV.

La *Figure* 1 eſt deſtinée à faire voir plus en grand toutes les parties du friſoir : *I*, eſt la coupe de la lanterne qui eſt miſe en mouvement par le rouet *H*, qui n'eſt point repréſenté ſur cette Planche : *f*, eſt une crapaudine de cuivre qui reçoit l'axe *&* de la lanterne *I*. Cet axe eſt de fer ; il eſt par en haut reçu dans un collet de cuivre *e*, qui eſt fermement attaché à la partie *h h* du friſoir, laquelle eſt immobile. L'axe *&* ſe prolonge au-deſſus du collet *e* ; il eſt un peu courbé à ſon extrémité *c*, & il entre à l'aiſe dans le collet de cuivre *d*, qui eſt fermement attaché à la partie ſupérieure & mobile du friſoir *g g*. On conçoit que quand la lanterne *I* tourne, comme l'extrémité *c* eſt inclinée vers un des côtés, elle imprime un mouvement au collet de cuivre *d* ; & par une ſuite néceſſaire à la partie ſupérieure & mobile *g g* du friſoir : ce mouvement n'eſt pas conſidérable ; mais il eſt ſuffiſant pour friſer l'étoffe. Nous avons dit que pour mettre l'étoffe entre les deux parties *g g* & *h h* du friſoir, il falloit ſoulever la partie ſupérieure *g g* du friſoir : c'eſt ce qui s'exécute aiſément au moyen du levier *r*. Il y en a un à chaque bout du friſoir.

La *Figure* 2 repréſente l'axe de la lanterne *I*, *f* en eſt le corps, & *c* l'extrémité recourbée qui fait jouer le friſoir.

La *Figure* 3 repréſente la crapaudine *f*, *fig.* 1 ; la *fig.* 4, le collet *e*, & la *fig.* 5, le collet *d*, auquel l'extrémité *c* de l'axe de la lanterne *I*, imprime du mouvement.

La *Figure* 6 eſt la table de deſſous, & fixe *h h* du friſoir. Cette table eſt rembourée de noppes, & couverte d'une pluche fort raſe, qui eſt clouée ſur les côtés de la table, & tendue par les bouts avec des crochets, *fig.* 14. comme on le voit *fig.* 6.

La *Figure* 7 eſt une partie de la table mobile ou du deſſus *g g* du friſoir. C'eſt une planche qui eſt couverte d'une couche bien unie de ſable, attachée avec de la colle.

La *Figure* 8 eſt un bâti de Menuiſerie dans lequel on rapporte les panneaux *c c*, *fig.* 9, & c'eſt ſous ce chaſſis qu'on rapporte la planche, *fig.* 7, comme on le voit *fig.* 10. La *fig.* 11 *A B* & la *fig.* 12 ſont des peignes ou des eſpeces de cardes ou de tuiles qui ſervent à friſer les endroits qui ne l'ont pas été, comme ſont les queues de rat.

La *Figure* 13 eſt une broſſe, balai ou épouſſette pour nétoyer le friſoir & l'étoffe.

PLANCHE V.

Figure 1, table à coucher vue par le bout.

R, faudet : *g g*, piece d'étoffe.

Fig. 2, table à coucher vue suivant sa longueur : *A*, faudet.

Figure 3, *R* plan du faudet.

Figure 5, un Ouvrier qui épousſette une piece d'étoffe, & qui la range ou la plie en zigzag.

Figure 6, *BCD*, perches autour desquelles passe l'étoffe avant d'entrer entre les deux pieces du frisoir : *E*, perche suspendue par des cordes, qui sert à appuyer l'étoffe sur un cylindre hérissé de pointes.

La *Figure* 4 représente la partie de la machine qui est au premier étage vue en perspective.

F, grand rouet horizontal qui engrene dans la lanterne *G* qui est enarbrée avec le rouet *H* qui engrene dans la lanterne *I* qui fait mouvoir la partie *g* de la frise, *h* en est le dessous ; *K*, des morceaux de bois qui appuient sur le dessus *g* du frisoir : *R*, levier pour soulever le dessus du frisoir, il y en a autant à l'autre bout : *A*, Ouvrier qui reçoit l'étoffe au sortir de la frise : *B*, Ouvrier qui, avec une béquille, *fig.* 7, dégage l'étoffe par dessous le Métier, pour qu'elle se présente réguliérement dans le frisoir, & qui veille à empêcher que l'étoffe ne se roule sur le cylindre *Q* hérissé de pointes : *S*, l'étoffe qu'on frise : *R*, le faudet.

Figure 8, est un tourne-à-gauche de 16 pouces de longueur, pour monter & démonter plusieurs parties de la machine.

EXPLICATION de quelques Termes qui sont propres à l'Art de friser les ETOFFES DE LAINE.

C

COUCHER l'Etoffe. Voyez *Ranger*.

E

EPOUSSETTE, sorte de balai qui sert à épousseter & nettoyer, ou les frisoirs ou l'étoffe qu'on frise, à mesure qu'on la range dans le faudet.

F

FAUDET ; c'est une cage à claire-voie formée de barreaux, dans laquelle on met les pieces d'étoffe pour prévenir qu'elles ne se salissent, comme elles le feroient, si elles portoient sur le plancher.

FRISE ; machine qui sert à friser ou ratiner plusieurs especes d'étoffes de laine.

FRISER UNE ETOFFE : c'est rassembler & tortiller les uns sur les autres les poils d'une étoffe de laine, de façon qu'ils forment de petits boutons : comme on donne cette préparation principalement aux ratines, on l'appelle communément *Ratiner* : on dit, Il faut ratiner cette Espagnolette, ce Drap, &c.

FRISOIR ; table couverte de sable attachée avec de la colle, & qui sert à friser les étoffes : c'est une des pieces principales de la Frise : quelquefois & peu exactement, on employe le terme de *frisoir*, au lieu de celui de *frise*.

N

NOPPES, laine courte que les Tondeurs levent de dessus les draps.

Q

QUEUES DE RAT ; endroits qui n'ont point été frisés à la premiere opération : il s'en forme par-tout où il s'est fait des plis.

R

RANGER une piece d'étoffe qu'on veut ratiner ; c'est la plier en zigzag pour qu'elle se déplie aisément, pour passer entre les deux parties du frisoir.

RATINER. Voyez *Friser*.

REBROUSSETTE ; c'est, ou une espece de carde, ou une lame garnie de dents, qui sert à relever le poil aux endroits où il s'est formé des queues de rat.

T

TABLE A RANGER ; c'est une table dont le dessus est en dos de bahu, & rembourée de noppes.

De l'Imprimerie de L. F. DELATOUR. 1766.

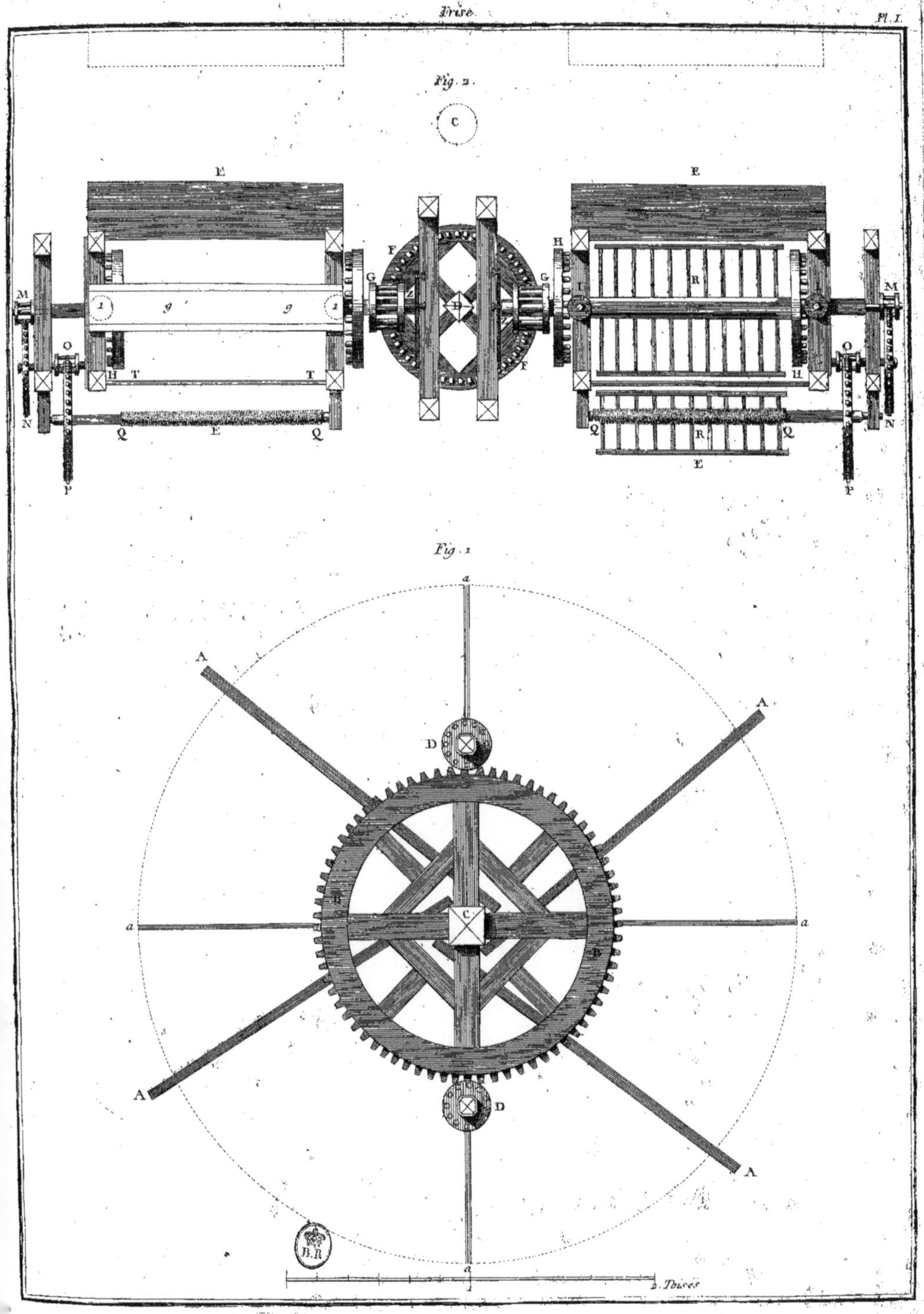
Fig. 2.
Fig. 1.
2. Toises

M
F
B
H
N
D.
G
I
Fig. 1.
K K K
g g
P
H H
Q Q
M
O
P
N
R R
G
Z Z
b
F F
D
B B
A A
C
E
T T
g g
h h
I I
N
M

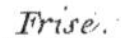

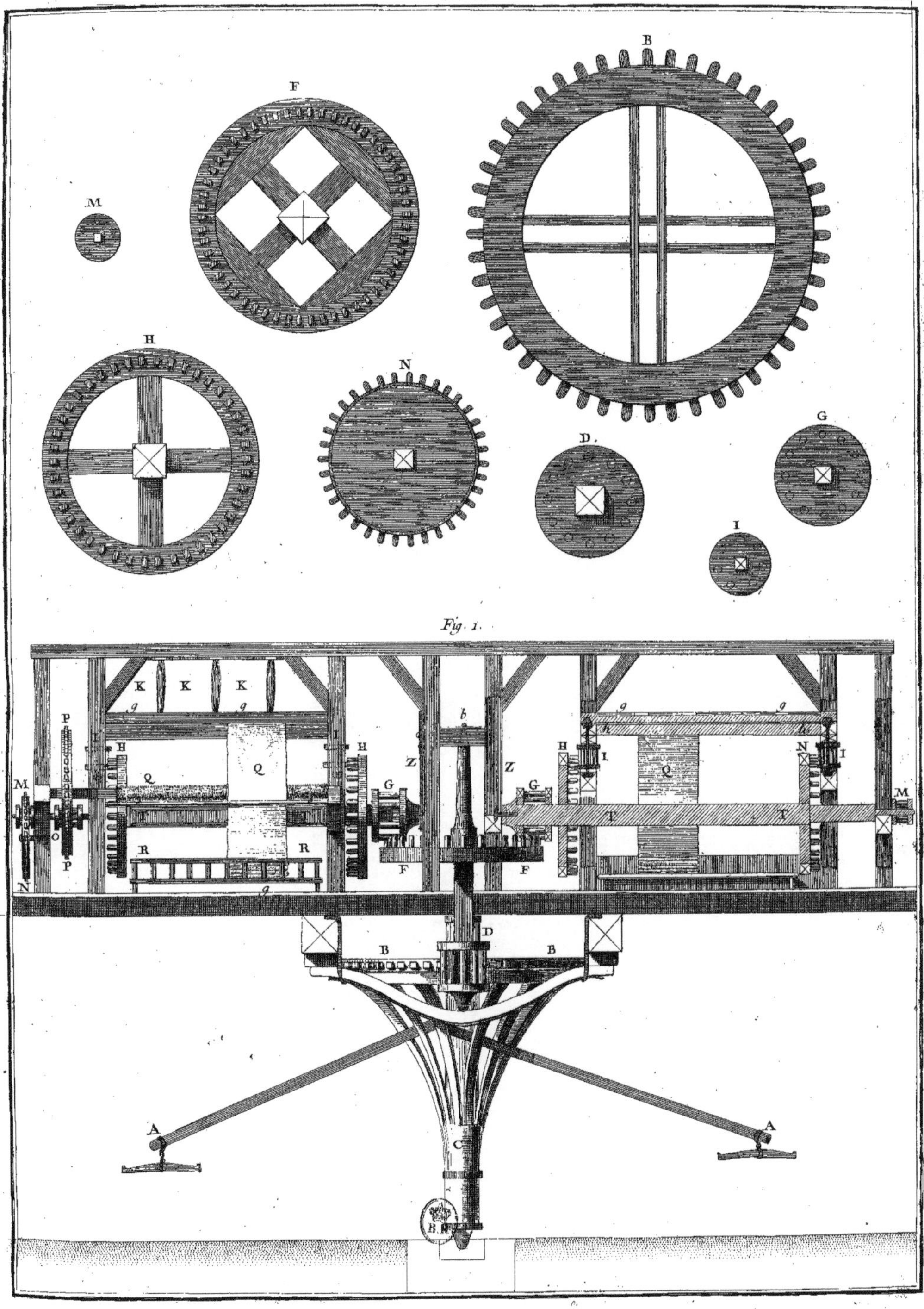

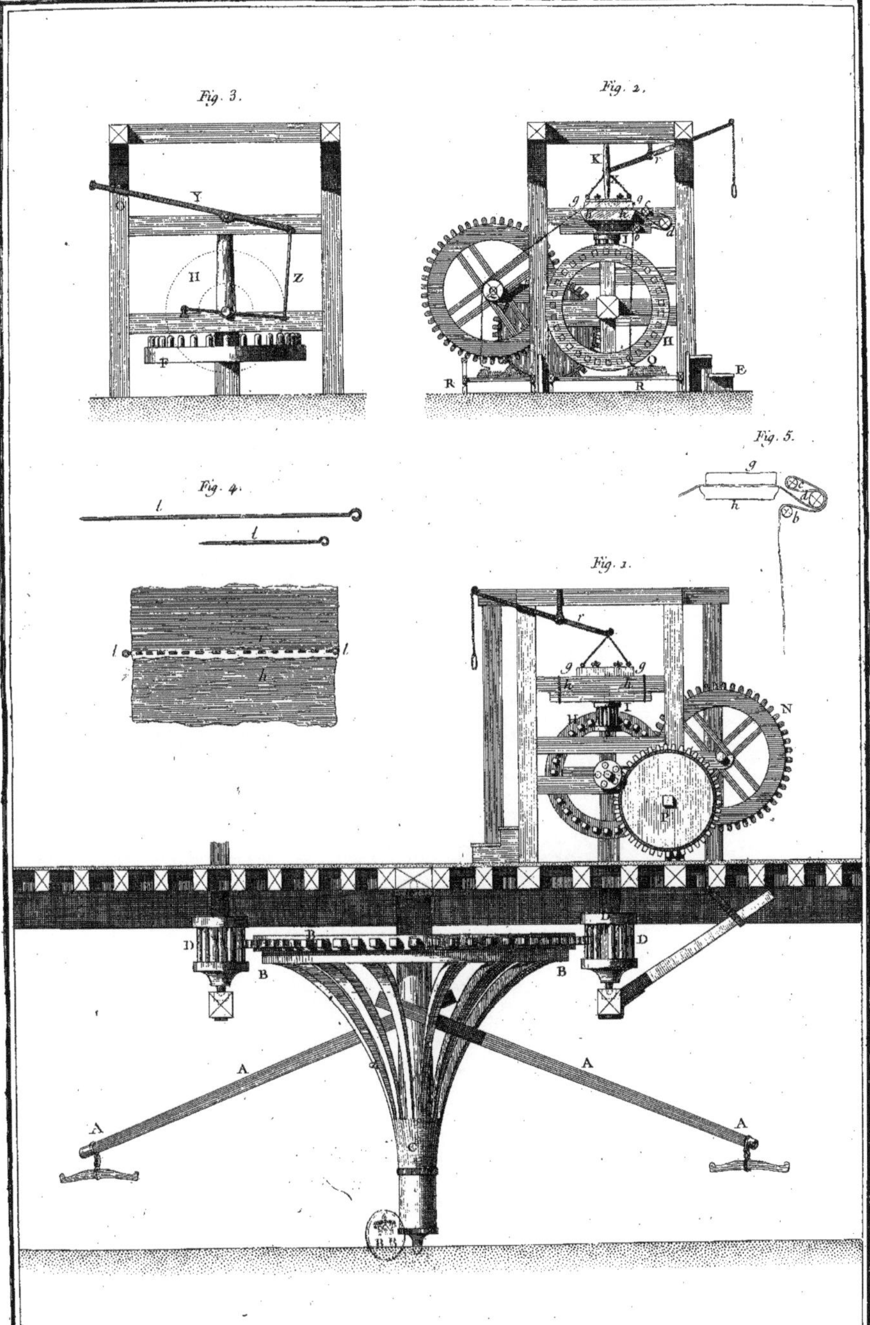
Fig. 3.
Y
H
Z
P
Fig. 2.
K
g
h
I
H
O
R
R
E
Fig. 5.
g
h
c
d
b
Fig. 4.
l
l
l
h
l
Fig. 1.
r
g
h
H
I
N
P
D
B
B
D
B
A
A
A
A

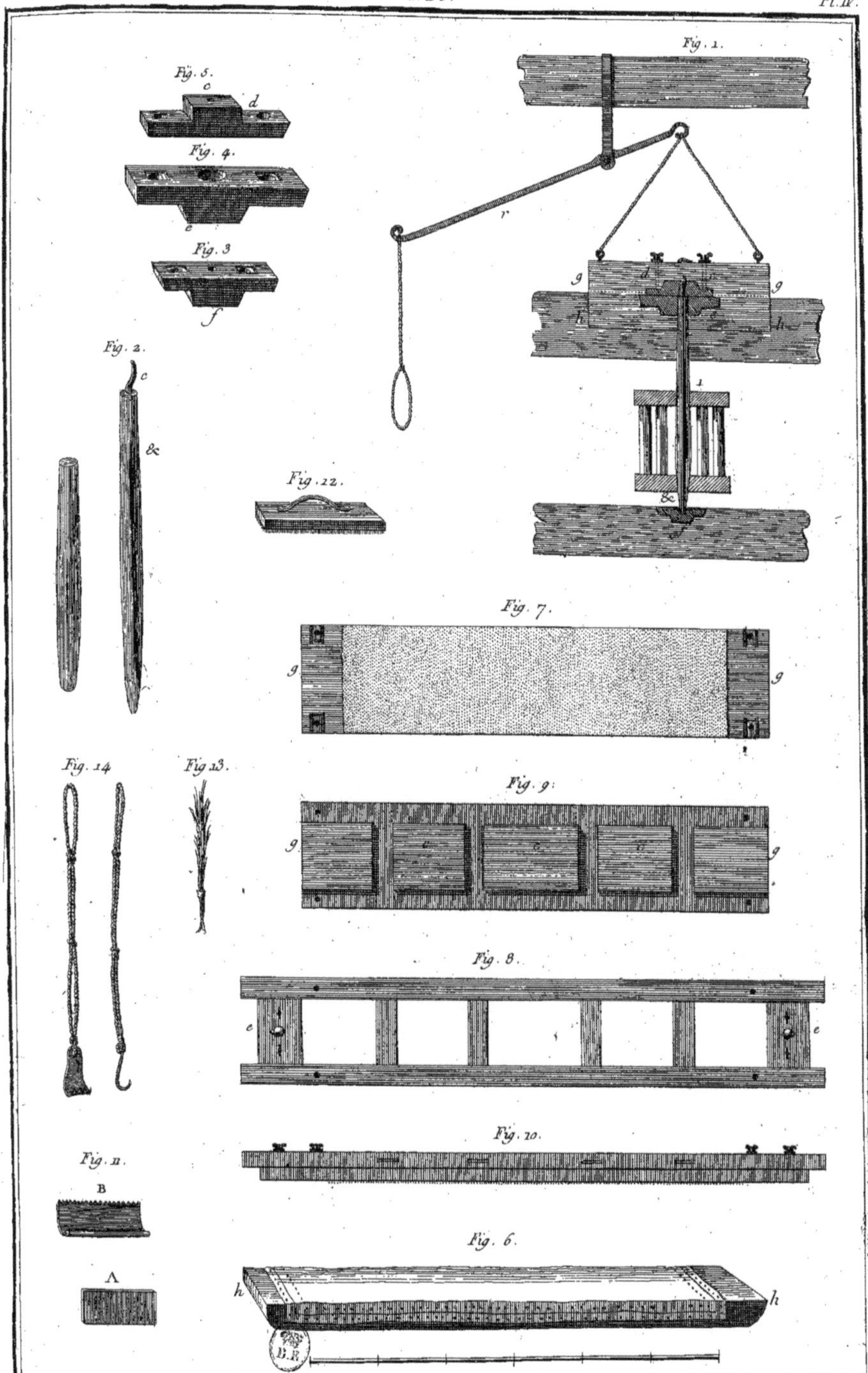
Fig. 1.
Fig. 5.
c
d
Fig. 4.
e
Fig. 3
f
r
g
g
h
h
Fig. 2.
c
&
Fig. 22.
&
Fig. 7.
g
g
Fig. 14
Fig. 13.
Fig. 9.
g
g
Fig. 8.
e
e
Fig. 10.
Fig. 11.
B
A
Fig. 6.
h
h

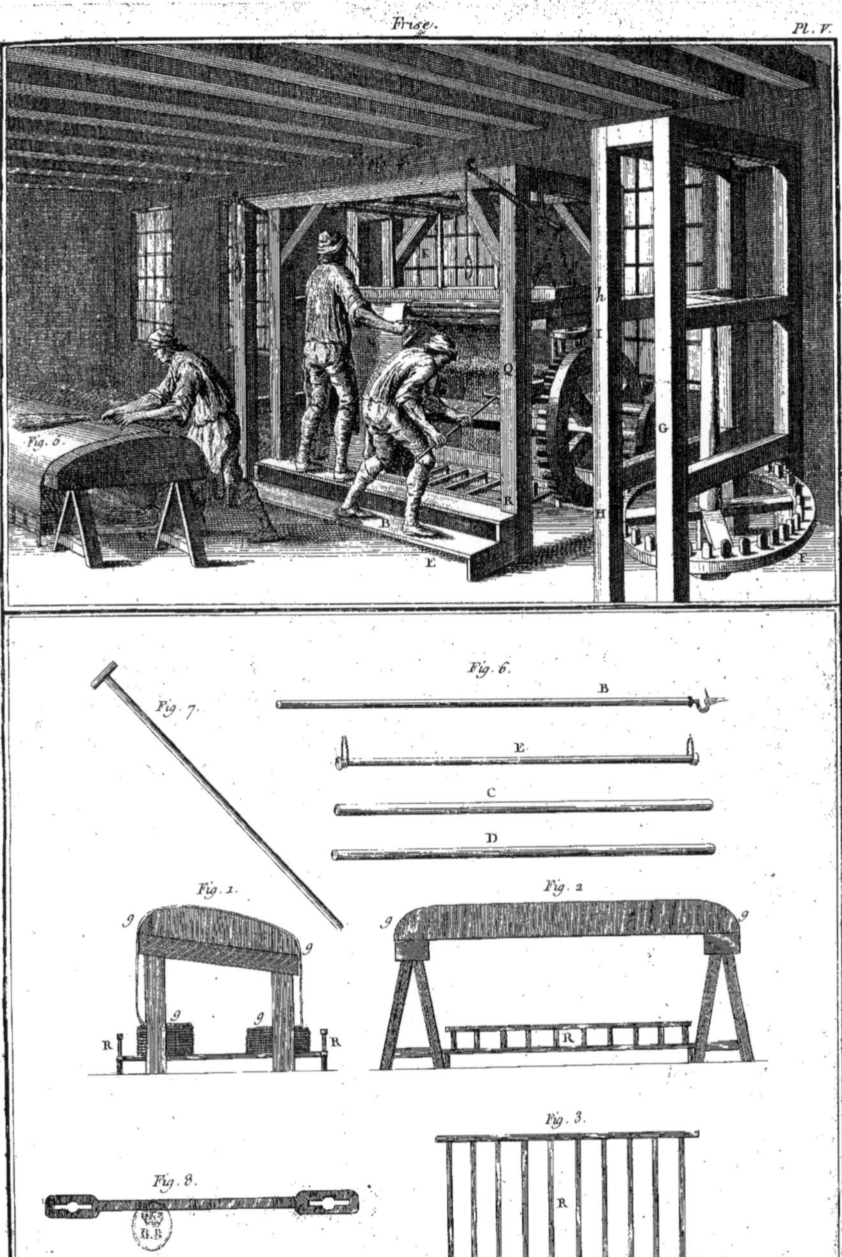
Fig. 5.
h
I
Q
G
R
H
B
E
F
Fig. 6.
B
E
C
D
Fig. 7.
Fig. 1.
9
9
9
9
R
R
Fig. 2
9
9
R
Fig. 3.
R
Fig. 8.

www.ingramcontent.com/pod-product-compliance
Ingram Content Group UK Ltd.
Pitfield, Milton Keynes, MK11 3LW, UK
UKHW022206190726
13855UKWH00004B/1645